AF266053

QUELQUES RÉFLEXIONS

SUR LES COLONIES.

QUELQUES RÉFLEXIONS

SUR

LES COLONIES.

Par Alexandre Foignet.

PARIS.

IMPRIMERIE D'AUGUSTE AUFFRAY,

PASSAGE DU CAIRE, Nº 54.

—

1831.

Bénéfices sur les exportations aux colonies :
14,230,000 fr., à ajouter aux 16 ou 17 millions de
balance annuelle, en faveur du commerce de France;
sans compter les 36 à 40 millions que le fisc prélève
annuellement sur les denrées coloniales; et sans
oublier les 50 à 55 millions de consommation annuelle, en produits français, *prix de factures.*

Voilà des résultats, des avantages certains, que
l'on proposerait à la France d'abandonner, pour
courir après les chances bien problématiques de
l'admission des sucres étrangers et de la franchise
du commerce.

QUELQUES RÉFLEXIONS

SUR LES COLONIES.

Au moment où les Chambres sont appelées à donner aux colonies, une constitution qui les fasse participer aux bienfaits du gouvernement représentatif, autant que le permettent leur éloignement et la spécialité de leurs intérêts, il n'est peut-être pas inutile de répondre à quelques-uns des injustes reproches que l'on ne cesse d'adresser aux colons, et de démontrer entr'autres toute la fausseté de cette assertion, si souvent répétée, qu'elle semble s'être accréditée; savoir : *Que les colonies sont à charge à la France.*

La question de *nationalité* n'a jamais fait aucun doute dans l'esprit des personnes qui, sans haine et sans préventions, se sont occupées de nos possessions d'outre-mer. En effet il suffit de considérer que les établissemens qui y existent ont été fondés par des Français, que tous les noms y sont français, que l'on n'y parle que la langue française, pour reconnaître que nos colonies sont plus anciennement et plus originellement françaises que la Corse, par exemple, où l'on parle italien, que l'Alsace, où l'on parle allemand; et l'on ne songera certainement pas à leur contester la qualité de province ou de département de la France.

Ce fait reconnu, l'on pourrait rigoureusement demander ce que signifient les calculs si souvent répétés de ce que coûtent ou rapportent les colonies; ce que signifient ces discussions sur le plus ou moins d'avantage qu'il y aurait à y renoncer. A-t-on jamais songé à renoncer à la Corse, parce que le trésor y envoie annuellement trois millions et demi de plus qu'il n'en retire? Abandonnera-t-on le département du Finistère parce qu'il reçoit chaque année de l'État douze ou treize millions au-delà de ce qu'il paie? Voilà des dépenses bien autrement importantes que celles que l'on reproche aux colonies; et encore fait-on entrer en ligne de compte, avec les reproches, la solde des troupes en garnison aux colonies, l'entretien des ports, des forts et des places qui les défendent, comme si l'on avait jamais reproché à un département de ne pas fournir seul à de pareilles dépenses (1). Cherche-t-on querelle au département du Var de ce que l'État lui paie quinze millions et demi, tandis qu'il n'en retire, par les impôts, que près de sept millions? Regarde-t-on la possession du département du Bas-Rhin comme onéreuse à la France, parce qu'il ne paie annuellement à la France que onze millions et demi, tandis qu'il en reçoit treize et demi? L'on voit que les reproches qui,

____

(1) On vient de mettre à la charge des Colonies une partie de ces dépenses. Toutes celles de l'administration intérieure sont payées par elles, sans en excepter la justice.

dans la discussion de chaque budget, s'adressent aux cinq ou six millions dépensés dans les colonies, ne méritent réellement pas une réfutation sérieuse.

Si les colonies ne diffèrent pas des autres départemens français sous le rapport des frais de sûreté qu'ils occasionnent, elles n'en doivent pas différer davantage sous le rapport du système commercial, qu'il faut leur appliquer. On ne s'est pas avisé de calculer si tel département vend plus aux autres départemens qu'il ne leur achète : on a appliqué à tous les départemens cette règle générale, la seule bonne, la seule juste, utile à tous, savoir : Que chaque département, pour le débit qu'il produit serait efficacement protégé contre la concurrence étrangère, et que les autres départemens n'achèteraient pas aux étrangers, ce que celui-ci peut leur fournir en quantité et qualité convenables; mais qu'en compensation ce département n'acheterait des étrangers rien de ce que peuvent lui fournir les autres départemens. C'est cette sage réciprocité, que nos lois ont appliquée à toute la France, qui l'enrichit comme elle a enrichi l'Angleterre. Ce sont ces mêmes principes qui doivent être appliqués aux colonies avec autant d'avantage et de justice qu'au reste de la France.

Aussi la taxe sur les sucres ne doit pas être considérée comme un droit d'entrée sur une denrée étrangère, mais comme une taxe de consommation telle qu'elles existe sur les vins et autres produits nationaux. La taxe sur les sucres étrangers est seule un véritable droit de douanes, qui doit être combiné, comme pour les blés, de manière que ces sucres ne soient admis que lorsque le haut prix des sucres nationaux indique que la récolte a été insuffisante pour subvenir à tous les besoins des consommateurs et du commerce.

S'il était vrai que la concurrence des sucres étrangers pût occasionner une baisse de prix assez considérable pour que le consommateur y trouvât un avantage (et nous démontrerons plus tard qu'il n'en est rien), l'on reproduirait cette objection déjà faite, à laquelle on n'a jamais répondu : Pourquoi les laines, les tissus, les fers, les blés étrangers surtout, ne seraient-ils pas admis en France? Le principe est le même. La même protection est due à tout ce qui provient des travaux et de l'industrie de tous les sujets français.

L'on cite souvent l'Angleterre, les États-Unis : pourquoi donc ne pas suivre leur exemple? Ils protégent, avant tout, leurs manufactures, leurs produits. Les États-Unis reçoivent-ils des sucres au détriment de ceux que leur produit la Louisiane? Non. Les Anglais n'admettent à la franche consommation que les sucres de leurs colonies nationales; viennent après les sucres des colonies conquises, soumis à une surtaxe, sans en excepter ceux de l'Inde; viennent ensuite les sucres étrangers soumis à l'entrepôt pour l'exportation. De telle sorte que les premiers produits nationaux jouissent de la juste préférence qui leur est due.

Mais, s'il ne suffit pas aux colons de réclamer le titre et les droits de Français pour être écoutés, ils peuvent encore prouver que les colonies, ne fussent-elles pas considérées comme une portion du territoire français; ne fussent-elles envisagées que sous le rapport du lucre, abaissées sans autre considération, au rang de simples usines à gagner de l'argent; il y aurait encore lieu de les conserver précieusement comme l'une de nos plus utiles possessions.

Ceux qui, par système, ont attaqué les colonies, ne se sont pas exposés à de longs travaux, à de grandes fatigues de tête, pour former leur opinion, ils se sont contentés de chercher dans les états de douanes le résumé des importations et des exportations annuelles entre la France et ses colonies. Sur ces deux chiffres comparés, ils ont établi la balance du commerce entre elles; puis ils ont conclu pour ou contre les colonies.

Sans discuter les principes de l'économie politique, admettons pour un moment les bases sur lesquelles on a fondé tous les calculs sur le commerce des colonies, et prouvons que faute d'avoir fait entrer dans ces calculs toutes les données nécessaires, l'on a présenté des résultats précisément contraires aux véritables résultats qu'il fallait admettre.

Prenons six années. Voici ce que présentent les états de douanes :

Années.	*Importations.*	*Exportations.*
1823.	35,176,578,	36,237,651.
1824.	50,323,154,	44,020,975.

Années.	Importations.	Exportations.
1825......	45,603,725,	48,403,080.
1826......	61,072,326,	62,954,413.
1827......	61,791,339,	65,551,480.
1328......	67,267,242,	53,866,997.

De l'examen de ces résumés et de la comparaison de l'importation, on a conclu que les colonies étaient onéreuses, autant par le désavantage constaté dans la balance du commerce, que par les frais de garde et d'entretien qu'elles occasionnent. L'erreur est facile à démontrer.

Les états de douane se forment par l'enregistrement, à la sortie de la valeur de tous les produits envoyés aux colonies; le total forme l'article *exportation*. L'on enregistre également la valeur de tous les produits de nos colonies envoyés en France; et le total forme l'article *importation*. L'on suppose d'après cela que le chiffre *exportation* comprend tous les produits français achetés par les colons; que la valeur de tous les produits coloniaux importés en France est envoyé aux colons, et par conséquent que lorsque le chiffre *importation* excède celui *exportation*, la France envoie aux colonies, tout compensé, la somme d'argent qui fait la différence entre les deux chiffres. Les développemens qui suivent feront sentir combien cette supposition s'écarte de la vérité.

Il ne faut pas croire que les sucres (1) importés en France soient consignés au nom des producteurs qui habitent les colonies, et que la valeur de ces sucres sorte de France pour leur être envoyée soit en marchandise, soit en argent; en effet:

1° Un grand nombre des plus riches propriétaires des colonies habitent la France. Les cinquante, cent mille livres de rentes et plus qu'ils y dépensent leur sont envoyés en sucre, et figurent dans la somme des importations des colonies; mais tous les produits français qu'ils achètent avec ces revenus ne figurent point dans la somme de l'exportation puisqu'ils sont achetés et consommés en France.

2° Il n'y a point de colléges dans les colonies. Tous les colons, nous ne dirons pas riches, mais seulement aisés, envoient leurs fils dans les colléges de France : souvent même ils y font élever leurs filles. Toutes les dépenses de l'éducation et de l'entretien de ce grand nombre d'enfans sont payées par un envoi de denrées qui figurent dans l'importation, et ne sont pas comprises dans l'exportation.

3° Il y a peu de créoles riches qui ne marient leurs enfans en France, leur dot durant la vie de leurs parens; leur portion d'héritage, après eux,

______

(1) Nous ne nommons ici que les sucres parce qu'ils forment seuls les deux tiers des importations des colonies; mais ce que nous disons s'applique également à tous les produits coloniaux.

leur sont successivement envoyées en sucre; nouvelles sommes à ajouter à l'importation; nouveaux produits français consommés en France, avec le prix de ces sucres, sans que l'exportation en enregistre la valeur.

4° Dès habitations ne peuvent long-temps rester indivises, sans que l'exploitation en souffre; aussi arrive-t-il toujours, lorsqu'il y a plusieurs enfans dans une famille, qu'au moment du décès ou peu d'années après, l'un des enfans se consacre à l'état d'habitant, prenne toute l'habitation à son compte, en se chargeant de payer aux autres enfans leur part d'héritage. Ceux-ci, sans occupation dans les colonies, s'établissent en France, y servent pour la plupart dans des emplois civils ou militaires. De là nouveaux envois de sucre qui grossissent la somme de l'importation, tandis que les produits français qu'ils paient ne comptent pas dans l'exportation aux colonies.

5° Jamais les habitations ne se vendent en argent comptant; elles se paient toujours à de fort longs termes, sur les revenus qu'en tire l'acquéreur. Par suite des mauvaises récoltes, de tous les accidens qui empêchent la régularité des paiemens, des événemens de la révolution, de la longue guerre qui l'a suivie, il existe une multitude de créances de la France sur les colonies. Il en résulte des envois annuels de sucre pour payer le capital ou les intérêts; la balance de ces sucres est cotée à l'importation, et paie des dépenses dans l'intérieur de la France, sans figurer à l'exportation.

Ainsi les dépenses de riches créoles qui vivent en France, l'éducation de la plupart de leurs enfans, le nombre considérable de créanciers français qui sont payés avec des produits coloniaux, soit de leurs dots, de leur part héréditaire ou des sommes redues sur des habitations vendues, soit d'argent prêté et des dettes de quelque nature qu'elles soient: toutes ces dépenses, disons-nous, ne sont comptées pour rien dans la consommation de produits français par les colons, telle qu'elle résulte des états d'exportation; et nous ne craignons pas de dire qu'on doit évaluer la somme de produits français, consommés en France avec l'argent des colonies, au tiers et peut-être même à la moitié des produits envoyés aux colonies et figurant dans les états de douane à l'article *exportation*.

Donc, au lieu de s'arrêter à la différence qui se trouve entre l'importation et l'exportation dans le résumé du commerce des colonies, il faut reconnaître qu'en ajoutant aux produits français envoyés aux colonies un tiers en sus au moins, consommé dans l'intérieur de la France. On trouvera une balance de commerce très-favorable à la France, c'est-à-dire que si la France dépense en produits coloniaux une somme considérable, cette somme est toujours compensée, et bien au-delà, par l'emploi de ces fonds, à l'achat de produits français.

Observons que non-seulement il faut ajouter un tiers au moins au chiffre de l'exportation, mais encore qu'il faut diminuer du chiffre de l'importation la valeur du sucre qui sort de France pour être raffiné chez les étrangers, car ce sont eux et non la France, qui fournissent cet argent aux colons.

Ce qui constate l'erreur que nous relevons, c'est ce chiffre porté au résumé du commerce avec les colonies, dans les états de douane, où la colonne est intitulée : *Total des quantités entrées, soit pour l'entrepôt, soit pour la consommation, soit pour le transit,* tandis qu'il devrait être seulement celui de la colonne intitulée : *Quantité admise pour la consommation avec paiement du droit.*

Si l'on considère que la prime d'exportation des sucres raffinés a doublé depuis 1824, l'on trouvera que c'est par un calcul modéré que l'on retranche cinq millions de la somme des sucres importés en France, puisque réexportés avec bénéfice, ils ne constituent pas une véritable importation.

Une autre erreur résulte encore des états de douane. On n'y fait point figurer, dans le commerce avec les colonies, la morue, qui fait un article considérable d'exportation, puisqu'elle est la base de la nourriture dans nos îles. L'exportation de la morue s'est élevée, en 1828, à 5,096,858 kilogr. de morue.

En adoptant le prix commun de 25 fr. le quintal ou 50 fr. les 100 kilogr., c'est environ deux millions et demi à ajouter à la somme de l'exportation.

En appliquant ces calculs aux six années où nous avons mis en regard l'importation et l'exportation, l'on verra combien le résultat sera changé; que pour les trois années où la balance du commerce paraît en faveur de la France contre les colonies, le bénéfice de la France devra être considérablement augmenté; et que, pour les trois autres années, où la balance paraît défavorable à la France, ce résultat doit être changé et faire place à un résultat tout contraire. Il sera facile de le démontrer en appliquant ces calculs à l'année 1828, celle des six, où la balance est le plus défavorable à la France continentale.

Importation en 1828. . . .	67,267,242 fr.
Exportation, même année. . .	53,866,997
Balance en faveur des colonies.	13,400,245

Mais l'importation doit comprendre tout ce que ceux qui vendent les denrées coloniales à la France achètent de produits français avec l'argent qu'ils en retirent. Or, un tiers au moins des denrées importées, appartenant aux personnes qui résident en France et dépensent en France la valeur qu'elles en obtiennent, il faut ajouter à l'exportation ce tiers réellement consommé par les colons, quoiqu'il ne figure pas dans l'exportation, parce qu'il ne sort pas du royaume. . . . . 22,422,414 fr.

Il faut également ajouter à l'exportation la valeur des morues exportées aux colonies par les pêcheurs français, et qui ne figurent pas dans les états de douane, ci. . 2,500,000

Total à ajouter à l'exportation.	24,922,414
Ce qui, joint aux.	53,866,997
Donne.	78,789,411

D'autre part. . . . 78,789,411 fr.

Otez de la somme de l'importation les cinq millions de sucre réexportés et qui ne doivent pas y figurer, comme une perte occasionnée par la consommation française, il restera pour l'importation 62,267,242

———

Balance en faveur de la France 16,522,169 fr.

C'est donc seize millions et demi de bénéfices pour la France dans ce commerce, même pour l'année qui paraîtrait la plus désavantageuse, si l'on se fiait au résumé contenu dans l'état de douanes. L'épreuve, sur toute autre année, serait bien plus favorable encore à la France.

Ce résultat, rectifié, ne présente pas le seul avantage que le commerce tire de ses relations avec nos colonies; avant de le prouver, relevons encore une erreur qui, à force d'avoir été répétée, passe pour un fait démontré, ce serait que les colonies ne produisent pas assez de sucre pour la consommation de leur métropole.

La production de nos colonies, en sucre brut, est :

Pour la Guadeloupe, de. . . . 36,000,000 kil.
Pour la Martinique, de. . . . 30,000,000
Pour l'île Bourbon, de. . . . 15,000,000
Pour Cayenne, de 1,500,000

———

Ensemble. 82,500,000

Sur quoi il convient de dé-

D'autre part.	82,500,000

duire pour déchet présumé et différence de tare, dix pour cent sur
67,500,000 kilog. provenant de la
Guadeloupe, de la Martinique et
Cayenne. . . . . . 6,750,000 cil.

4 pour cent sur
15,000,000 kilog.,
Bourbon 600,000

$\left.\begin{array}{c} \\ \\ \\ \end{array}\right\}$ 7,350,000

Reste, en livraison en France . 75,150,000 kil.
La consommation intérieure de
la métropole, en sucre de nos colonies, étant de. . 63,000,000 kil.

Celle pour le
raffinage destinée
à l'exportation de 7,000,000

$\left.\begin{array}{c} \\ \\ \\ \end{array}\right\}$ 70,000,000

L'excédant actuel est déjà de. . 5,150,000 kil.

et il est de fait que les produits des colonies aug-
mentent chaque année.

Ne pouvant combattre une pareille preuve, les
détracteurs des colonies ont dit : Les colons font la
contrebande, ils reçoivent des sucres étrangers qu'ils
expédient ensuite comme de provenance française.
L'ont-ils prouvé? ont-ils cité un seul exemple? Non.
Mais peu importe, il s'agissait des colonies; on les
a crus, et l'on a répété, écrit, imprimé : Les colons
font la contrebande des sucres.

L'allégation d'une pareille fraude a d'autant plus
lieu de surprendre, qu'elle retombe sur le gouver-

nement, qui ne s'en est jamais plaint. Dans les villes et bourgs, elle ne pourrait se faire sans la connivence des douanes françaises, sans oublier qu'il aurait fallu, avant, tromper la surveillance des douanes anglaises; cette contrebande est impossible, car des barriques de sucre ne se débarquent pas avec la même facilité que des petits ballots de marchandises sèches; sur les côtes, ces obstacles de localités sont bien autrement insurmontables que sur les frontières de la France; et puis les propriétaires producteurs de sucre ont un si grand intérêt à l'empêcher, qu'ils la connaîtraient et la dénonceraient. L'intérêt général est ici une garantie certaine contre toute tentative de cette nature. On ne peut, en effet, supposer que les habitans toléreraient une fraude, appelleraient une concurrence qui avilirait le prix de leurs propres denrées : la fraude, si elle existe, leur est donc étrangère.

Persistera-t-on dans la possibilité de l'introduction des sucres étrangers? Eh bien que l'autorité surveille ses agens de douanes, qu'elle prenne d'autres précautions, qu'elle prescrive, s'il le faut, de nouvelles formalités : les colons s'y soumettront; ils ne les redoutent pas; ils n'ont cessé de les demander; ils les indiquent : *Que le gouvernement exige, sous des peines sévères, des certificats d'origine.*

L'augmentation des produits en sucre s'explique bien facilement et sans le secours d'une contrebande supposée. Dès 1822, M. le comte de Saint-Cricq avait annoncé que les colonies, autrefois si riches en différens produits exotiques, ne fournissaient plus, pour ainsi dire, que du sucre à la France. En effet, la plupart des propriétaires colons, obligés, à cause de la cherté de la main-d'œuvre, d'abandonner la culture de l'indigo, du coton, du cacao, etc. etc., employèrent leurs bras à planter des cannes, et un grand nombre d'habitations furent transformées en manufactures à sucre. Telle colonie qui n'en produisait que pour sa consommation, figure aujourd'hui d'une manière importante dans l'approvisionnement du royaume.

L'augmentation des produits en sucre a encore d'autres causes. Une grande amélioration dans les cultures; l'emploi des engrais, qui, dans certaines terres ont plus que doublé les récoltes; l'emploi des charrues, des machines qui ont suppléé aux bras, facilité les travaux et la fabrication : la manipulation elle-même a été sensiblement améliorée.

Revenons aux avantages du commerce.

Il a été constaté par la commission d'enquête que les sucres étrangers embarqués coûtent 22 fr. les 50 kilogr., et reviennent à l'entrepôt, en France, à 37 fr. 50 c.

Il a été aussi constaté que les sucres dans nos colonies coûtent 30 fr. et reviennent en entrepôt, en France, à 47 fr. La différence du prix sur les lieux de production serait ainsi de 8 fr., et en entrepôt, cette différence serait de 9 fr. 50 c. par 50 kilogr.

D'après cela il résulterait que la France, en s'approvisionnant dans ses colonies, non-seulement pour sa consommation intérieure, mais pour alimenter ses rafineries pour l'exportation à l'étranger, ne ferait qu'un sacrifice de 13,3000,000 fr., *tandis qu'on l'a évalué à plus de* 30,000,000, en supposant que le prix des sucres des colonies était augmenté de toute la différence du droit qui existe entre ceux-ci et les sucres étrangers.

Mais ces 13,300,000 fr. sont-ils bien un sacrifice sans compensations utiles? Les états de commerce de la France avec nos colonies en 1828 ont constaté :

15,000,000   1° Une exportation de quinze millions de tissus, et ce n'est pas exagérer le bénéfice du commerce national sur ces marchandises que de le porter à 20 p. 0/0 ce qui ferait 3,000,000

    Il est à observer que, si ces tissus avaient été fournis par l'étranger aux colonies, elles les auraient payés au moins 10 pour cent meilleur marché, et auraient profité d'un crédit de dix-huit mois à deux ans; ce qui équivaut à 18 ou 24 p. 0/0.

2,000,000   2° Une exportation de fer ouvré s'élevant à deux millions de francs, dont le bénéfice ne peut pas être évalué à moins de 15 p. 0/0 300,000

    Et si les colons avaient reçu ces fers de l'étranger, ils les auraient payés 30 p. 0/0 meilleur marché.

5,000,000   3° Une exportation de cent mille barils de farine, valeur cinq millions, présentant un bénéfice de 10 p. 0/0. 500,000

    Et si les colons avaient reçu ces farines d'Amérique, ils ne les auraient payées que trois millions,

---

22,000,000   3,800,000

22,000,000

3,800,000

d'où il serait résulté une économie en leur faveur de deux millions.

4° Une exportation de quarante mille barriques de vins, et un million deux cent mille litres en bouteilles, valeur cinq millions.

Id. d'eau-de-vie, genièvre, liqueurs et bière, pour une valeur de un million cinq cent mille fr.

Id. en huile et savon, pour une valeur de un million cinq cent mille fr.

8,000,000 Ces trois articles présentant une valeur de huit millions, et 15 p. 0/0 de bénéfice . . . .

1,200,000

3,000,000 5o En mulets, pour une valeur de trois millions avec un bénéfice de 15 p. 0/0. . . . .

450,000

6° Une exportation en effets confectionnés, peaux ouvrées et préparées, pour une valeur de deux millions deux cent mille fr.

Id. en meubles, mercerie, sellerie, chapeaux, papiers, quincaillerie et cuivre ouvré pour une valeur de deux millions six cent mille fr.

Id. en verrerie, faïence, porcelaine et poterie, pour une valeur de un million deux cent mille fr.

Id. en articles de modes, médicamens, cordages et autres objets de marine, pour une valeur de un million deux cent mille fr.

33,000,000

5,450,000

33,000,000

5,450,000

Id. en beurre, fromage, graisses. chandelles, pour une valeur de quatre millions.

Ces cinq articles présentent un bénéfice de 20 p. o/o sur une valeur de onze millions deux cent mille fr. . 11,200,000 — 2,240,000

5,800,000 7° Une exportation en morue, viande salée, feuillard, briques et tuiles, maïs en grains, légumes secs, fer-blanterie et autres articles, pour une valeur de cinq millions huit cent mille fr. avec un bénéfice de 10 p. o/o 580,000

Si on ajoute le bénéfice du fret pour le transport des marchandises importées à la Martinique, la Guadeloupe, Cayenne et Bourbon, et qui emploie les 4/5 du tonnage des bâtimens qui fréquentent ces colonies, jaugeant ensemble cent mille tonneaux, on verra que ce bénéfice ne s'élève pas à moins de... 3,960,000

D'autre part on doit ajouter

1° Le montant des assurances sur une valeur de cinquante millions à 1 et demi pour cent. 750,000

2° La commission d'expédition de France et faux frais, montant ensemble à 2 et demi p. o/o. 1,250,000

Il résulte que ces bénéfices montant à. 14,230,000

50,000,000

excèdent déjà l'augmentation que peut présenter l'exclusif accordé aux sucres des colonies.

Voilà 14,230,000 fr. à ajouter aux seize ou dix-sept millions de balance annuelle en faveur du commerce de France, sans comprendre les trente-six à quarante millions de droits que le fisc prélève annuellement sur les denrées coloniales, et sans oublier les cinquante à cinquante-cinq millions de consommation annuelle en produits français, *prix de facture*.

Voilà des résultats, des avantages certains que l'on proposerait à la France d'abandonner, pour courir après les chances bien problématiques de l'admission des sucres étrangers et de la franchise du commerce.

Les limites que nous nous sommes tracées ne nous permettent pas d'examiner la question générale de franchise du commerce ; elle est d'ailleurs au dessus de nos forces. De plus habiles l'ont déjà traitée et la traiteront encore.

Libre à chacun de choisir entre les deux opinions divergentes : la première qui consiste à favoriser l'agriculture, l'industrie nationale, en réservant le plus possible à la consommation du pays ; la seconde qui tend à une liberté absolue du commerce, avec la devise : Laissez faire, laissez passer ; et qui ne s'occupe que des consommateurs parce que, selon ses partisans, le travailleur produira à meilleur marché quand il paiera moins cher sa subsistance ; à quoi les partisans de l'autre opinion répondent que chaque consommateur est lui-même producteur d'autres articles, et qu'il est dédommagé.

Comme le traité de commerce de 1786 est un antécédant fâcheux ; que le pays fut encombré de marchandises anglaises ; que les ateliers furent ruinés, les ouvriers sans travail, il est permis de n'admettre un nouvel essai qui ne tend à rien moins qu'à bouleverser tout le système d'économie politique, qu'après avoir obtenu de chaque nation étrangère des assurances de réciprocité qui nous paraisssent bien difficiles, et surtout bien fragiles, puisqu'il suffirait d'une rupture, d'un coup de canon pour les faire disparaître.

L'essai sur l'introduction des sucres étrangers serait le premier pas vers la liberté générale du commerce ; une fois le sucre obtenu à meilleur marché, rien n'empêchera de réclamer au plus bas prix possible, certains fers, certains draps, les tissus, la farine, etc. Cette introduction restreinte à la *seule production française, le sucre*, serait une injustice révoltante que l'on ne peut supposer.

La première question qui se présente à l'esprit est de savoir qui profiterait de la liberté du commerce ? Et la réponse est facile ; ce serait celui qui, produisant le plus et à meilleur marché, s'assurerait la prépondérance, et il fixerait dès lors le prix des échanges ; car nous ne concevons de profitable, d'avantageux, que le commerce par échanges.

Par exemple et pour ne nous occuper que du sucre, supposons, pour un moment, qu'il soit admis de toute provenance ; ce sera l'Angleterre qui en fixera le prix, sur le marché de l'Europe, non-seulement parce que ces possessions en produisent le plus, mais encore parce qu'elle peut s'en procurer plus que toute autre nation, par la raison que la plupart de ses marchandises sont préférées aux nôtres; qu'elle peut les donner à plus bas prix. Son fret aussi est moins coûteux que le nôtre : c'est un fait reconnu; ce qui lui donnera encore la préférence sur notre marine marchande, tandis que, sans craindre sa concurrence dans nos colonies, trois cent quatre-vingts bâtimens, terme moyen, jaugeant cent dix-sept mille huit cent trente-sept tonneaux, sont employés annuellement par notre commerce et forment des marins.

Nos bâtimens iront-ils chercher le sucre à l'étranger au lieu de le prendre dans nos colonies? D'abord ils y rencontreront l'inévitable et redoutable concurrence anglaise; ensuite ils n'y seront accueillis (à l'île de Cuba par exemple) qu'en payant des droits de tonnage et de port montant ensemble à 15 francs par tonneau, ce qui ferait 1,500,000 fr. pour cent mille tonneaux employés avec nos colonies où ils *n'ont aucun droit de tonnage à payer.*

Les commissions que paye le commerce national au commerce local de nos colonies pour la vente des 50 millions de ses marchandises qui ne pourront pas être débouchées ailleurs, se montent à 2,500,000 francs. Cette somme ne diminue en rien la fortune des nationaux, puisqu'elle profite à des Français; tandis que, en supposant un débouché semblable, ces commissions seraient payées à des négocians de l'île de Cuba, par exemple, qui exigent en outre un ducroire de cinq pour cent, perte réelle pour le commerce français, puisque des étrangers seuls en profiteraient.

Non-seulement le débouché de nos produits, en échange des sucres étrangers, est douteux, mais encore l'admission des sucres étrangers en France, fera perdre en grande partie, pour ne pas dire en totalité, à son commerce, le débouché certain dans ses colonies; car il ne serait plus possible de leur imposer le régime prohibitif qui ne leur permet de recevoir que de la France les articles nécessaires à leur existence et à l'exploitation : du moment que leurs denrées ne jouiraient plus de la protection due à tous produits français, les colonies se procureraient ces articles à l'étranger à vingt-cinq, trente et quarante pour cent de moins que ce qu'elles les payent à la France.

Tout est certain avec le régime de réciprocité qui lie les colonies à la France; elles ne reçoivent exclusivement que de la métropole les objets qui leur sont nécessaires, qu'elle peut leur fournir, et ce, au prix qu'elle leur impose. La France consomme leur sucre comme production française, de préférence aux denrées étrangères. L'admission des sucres étrangers rompt le pacte, et tout devient doute, incertitude, arbitraire.—Quoi qu'il en soit, la franchise du commerce n'offrira d'avantages à la France, que lorsqu'elle pourra, par de nouveaux efforts, *produire et transporter à meilleur marché.*

Un grand reproche adressé aux colonies, c'est

qu'elles produisent à un prix plus élevé que les étrangers. L'on conçoit qu'un reproche semblable pourrait s'adresser à beaucoup d'autres productions françaises : et pour ne citer qu'un exemple, le pain qui nourrit l'ouvrier lui serait fourni à bien meilleur compte si les blés du levant étaient admis en France.

Examinons cependant quelle est la différence et d'où elle peut provenir.

L'on a vu plus haut que le sucre étranger coûte 22 francs les 50 kilogr., et revient à l'entrepôt à 27 fr. 50 c.; que le sucre français coûte au producteur 30 fr., et revient à l'entrepôt à 47 fr. Ainsi la différence sur les lieux est de 8 fr. par cent livres, et serait de 9 fr. 50 c. en entrepôt.

D'abord les Portugais et les Espagnols ont continué la traite. (Les Anglais, s'ils ne l'ont pas faite, en ont souvent profité. L'on sait pourquoi leurs sucres de l'Inde sont produits à plus bas prix que les autres). Ils ont pu jeter des bras sur des terres précédemment incultes, et retirer tous les avantages d'un sol partout neuf et fertile. Leurs bâtimens de manufactures n'exigent qu'un très faible capital; ensuite ils font peu de dépenses pour l'entretien de leurs noirs; ils ne leur accordent que peu d'heures de loisir; enfin, un grand nombre de pays étrangers, espagnols et portugais, entre les tropiques, ne sont pas exposés aux ouragans et d'autres fléaux non moins cruels.

Les colonies françaises, au contraire, se présentent dans leur ancien état de civilisation, avec des usines bien organisées et fournies par le commerce de France ; un sol certainement bon , mais qui exige plus de soins ; de grands changemens dans l'administration des ateliers ; l'humanité, ou si l'on ne veut pas y croire, un intérêt bien entendu a porté les colons à améliorer le sort de leurs esclaves, sans attendre les ordres de la métropole. J'en appelle à toutes les personnes impartiales qui, depuis dix et vingt ans ont visité nos Antilles. Elles diront comme moi, que les noirs sont mieux vêtus, mieux nourris, mieux logés ; que la journée de travail est moins prolongée qu'en Europe ; que leurs heures de repos, plus un jour entier par semaine, leur sont exactement accordés, pour les mettre à même de cultiver le jardin qu'on donne à chacun d'eux, et soigner le bétail qu'on leur permet d'élever ; que les samedis, les jours de marchés et dimanches ils sont libres d'aller vendre leurs petites denrées et de se livrer à leurs plaisirs habituels, la danse surtout qui se prolonge ordinairement jusqu'au lendemain matin. Le plus léger service rendu dans ces jours est généreusement payé par le maître. Ils achètent presque toujours ce que leurs esclaves n'ont pu vendre au marché. Aussi, excepté aux heures de travaux, où, par une ancienne habitude, ils sont à peine vêtus, voit-on les noirs habillés avec une propreté, une recherche et l'on pourrait dire avec un luxe de bijoux qui annoncent leur aisance, de même que leur belle santé et leur joie démentent toutes les absurdités qu'on débite sur leur compte.

Des hôpitaux sur chaque habitation reçoivent les

malades, les infirmes; indépendamment des visites régulières du médecin, ils sont soignés par une garde malade et le plus souvent par la maîtresse de la maison, qui administre elle-même tous les médicamens. Ils sont nourris de la cave et de la table du maître. Les vieillards qui ne peuvent plus travailler sont également soignés, nourris; ils ont leur case, leur ordinaire et reçoivent leurs vêtemens comme les autres. Les naissances sont encouragées, les femmes enceintes sont dispensées pendant un certain temps, de tous travaux; elles reçoivent une petite récompense; leurs nourrissons, lorsqu'elles retournent au travail, sont gardés, soignés et plus tard, nourris de la table du maître jusqu'à l'âge où ils peuvent recevoir l'ordinaire; ils ont ensuite leur jardin aussitôt qu'ils le demandent et peuvent le cultiver. Le sort des enfans, des vieillards et des infirmes ainsi assuré, la mendicité est inconnue dans les colonies, elle n'y existe pas.

Voilà ce que j'ai vu, ce que beaucoup d'autres ont vu et peuvent affirmer. C'est ce qui a autorisé à dire, sans exagération comme sans injure, que l'état bien connu du noir pouvait supporter la comparaison avec celui du cultivateur dans certaines provinces de la France.

Les colons ne se plaignent pas de ce que coûtent ces améliorations, de la diminution qu'elles peuvent occasionner sur les produits, des dépenses qu'elles exigent; mais s'ils produisent un peu plus cher, est-il juste, est-il généreux de le leur reprocher?

La cherté du sucre français a encore d'autres causes.

Les taxes locales ont presque triplé depuis que les colonies sont rentrées sous la domination de la France; on les a surchargées d'une administration aussi compliquée qu'inutile, et par suite, de dépenses que, même dans un état prospère, elles ne pourraient supporter. En ne remontant qu'à 1818, époque où les taxes avaient déjà doublé de ce qu'elles étaient antérieurement, et en comparant les dépenses de cet exercice avec celles de 1829, on trouve, pour la Guadeloupe, que les premières n'étaient que de 1,229,895 fr, 27 c., tandis que les secondes se sont élevées à 2,012,380 fr. 49 c. L'article *justice*, qui à lui seul n'exigeait, en 1818, que 71,100 fr., a été porté, en 1829, à plus de 300,000 fr.

Si, pour les colonies seules, la justice n'est pas ce qu'on appelait une dette du prince, n'est pas une obligation aussi sacrée à leur égard que pour tous les départemens de la France; si malgré les avantages que le commerce tire de ses relations avec elles; si malgré les 36 ou 40 millions de droits que l'on obtient annuellement sur leurs produits, elles sont obligées, en outre de toutes leurs dépenses d'administration intérieure, de payer encore celles de la justice; du moins ne leur refusera-t-on plus le droit de discuter leur impôt et de le voter. Est-ce donc une faveur, un *privilége intolérable*, que de permettre à ceux qui paient d'examiner pourquoi ils paient, et s'ils peuvent payer?

Lorsqu'on se plaint de la cherté du sucre sans en

rechercher les causes, ne semblerait-il pas que les produits français consommés aux colonies sont restés cotés aux anciens prix? Personne cependant ne peut ignorer que tous les articles de première nécessité ont plus que doublé. Est-il étonnant que le sucre ait subi la même révolution? Et par quel privilége aurait-on voulu qu'il restât stagnataire?

Les colonies ne demanderaient pas mieux que de payer des droits qui fussent dans la même proportion avec les besoins de l'État qu'ils l'étaient autrefois. Le droit d'entrée sur le sucre brut est aujourd'hui quadruple de ce qu'il était anciennement; et certes, le montant des dépenses de l'État est loin d'avoir doublé.

Peut-on se plaindre de la différence entre le prix du sucre français et celui du sucre étranger, lorsque, pour favoriser le commerce de la France, et par un système prohibitif que l'on reconnaît juste, on impose aux colonies une augmentation de quinze millions de dépenses, en les obligeant à ne recevoir que de la France les objets de première nécessité, que les Anglais et les Américains leur offrent à un rabais de 25, 30 et 40 pour cent? tandis que les producteurs de sucre étranger les obtiennent, sous tous les pavillons, à des prix modérés.

Enfin, peut-on se plaindre de la cherté du sucre, quand les ouragans et autres événemens de force majeure font éprouver des pertes énormes, sans que les colons reçoivent jamais aucun secours du gouvernement (en dernier lieu l'ouragan de 1825); quand le sucre, au lieu de se vendre de 100 à

115 fr., tombe à 60, 50 et 40 fr., et qu'une baisse de 50, 60 pour cent ne réduit pas d'un centime les recettes de l'État; le droit reste dans sa cruelle immobilité : il dévore impitoyablement le tiers, la moitié, les deux tiers des produits, quelle que soit la vilité du prix qu'en retire le producteur.

Que la France protége ses colonies plus efficacement, elles produiront à meilleur marché. Que le fisc se relâche un peu de son inflexibilité, et le sucre, à un prix plus bas, atteindra une plus grande consommation, qui compensera peut être le sacrifice fiscal.

J'ai essayé de prouver que, loin d'être à charge à la France, les colonies lui sont utiles; que ses relations commerciales présentent un bénéfice constant et certain. Je soutiens encore que ces relations sont susceptibles d'améliorations qui offriraient de grands avantages; que, par prévision d'un autre système de commerce, leur position géographique doit être appréciée. La France, en voulant des colonies, doit les vouloir prospères; elles sont françaises, on est obligé de le rappeler souvent : elles ne peuvent pas cesser de l'être. Les conserver pour les ruiner présente une idée tout à la fois absurde et barbare.

Pour parvenir à un état prospère dont la France en définitive doit profiter, puisque *tout retourne à elle* dans ses relations avec ces possessions, il faut que l'existence des colonies ne soit plus mise en question à chaque discussion du budget; que le droit d'entrée, ou plutôt le droit de consommation sur leurs denrées, soit *modéré* et calculé avec la même faveur que celle due à tous les autres produits nationaux; que ce droit laisse du moins au producteur *l'intérêt de son capital*, et les moyens de pourvoir aux événemens de force majeure : qu'enfin au lieu d'être *annuel*, ce droit, *soit pour un temps déterminé et assez long* pour que le commerce de France puisse avancer ses fonds avec confiance, et les recouvrer, pour que les transactions aient une base certaine.

Il faut encore qu'un mode de gouvernement et d'administration plus simple, plus en harmonie avec leurs besoins, fasse disparaître les emplois inutiles et les sinécures dont elles sont surchargées. Qu'une représentation locale appelle les colons à discuter l'assiette et le vote de leurs impôts, et les mette à même de diminuer les charges exhorbitantes dont ils sont grevés; que cette représentation ne soit pas vaine, illusoire, mais réelle, efficace; que l'on fasse cesser toutes les entraves apportées à leur administration intérieure. Que par exemple, pour une dépense excédant 10,000 francs (1), on ne soit pas obligé d'écrire à la France, d'en obtenir l'autorisation et d'attendre cette autorisation pendant plusieurs mois, quelquefois une année; alors que cette dépense, jugée nécessaire par ceux qui la payent, est souvent d'une urgente nécessité. Que cette représentation permette aux colons la confection des lois de régime intérieur qui doit les régir et les

(1) Ordonnance du 9 mars 1827.

protéger, en laissant toujours au gouvernement de la métropole la haute surveillance qu'il doit exercer; en lui réservant aussi les lois de régime extérieur et mixte concernant la défense, les relations de commerce, etc. etc.

Que l'administration de la justice reçoive, entre autres améliorations, l'institution de trois juges pour les tribunaux de première instance; ce qui, non-seulement est une garantie nécessaire en matière civile, mais encore ce qui permettra, sans augmentation de dépenses, de rétablir le premier degré de juridiction en matière correctionnelle, tel qu'il était avant les ordonnances, tel qu'il existe en France, et dont les justiciables des colonies ne sauraient être plus long-temps privés.

Que la législature coloniale ait, comme celle de 1791, et à l'instar des colonies anglaises, l'initiative pour toutes les améliorations *compatibles avec le respect dû à la propriété;* que les concessions à faire soient *graduelles et locales;* qu'à l'avenir, une mesure souvent mal comprise en France, quelquefois irréfléchie, brusque, inopportune, ne vienne plus compromettre la sûreté publique et l'existence des colons. Que l'on cesse d'exprimer des regrets superflus sur la perte de Saint-Domingue;... Que cette triste expérience ne soit pas perdue (1).

---

(1) Il est dérisoire de vanter l'état de prospérité de Saint-Domingue. La population y décroît, et la production y diminue chaque année d'une manière très-sensible.

On a publié, à Haïti, un Code rural qui replace la population noire sous un joug bien autrement sévère que celui de la

Avec une protection assurée aux produits; de bonnes institutions; un mode de gouvernement simple; de grandes économies dans les dépenses; une participation réelle à leur administration intérieure; des lois appropriées aux lieux et aux choses; un choix sévère de magistrats pour les appliquer, les colonies peuvent encore jouir de quelque sécurité, de quelque prospérité; elles pourront alors marcher avec la France, se préparer avec le temps et sans danger, à toutes les améliorations que l'on peut se promettre et désirer.

Au reste, l'on conçoit facilement que la question des colonies ne doit pas se résoudre par de simples calculs de chiffres; pas même par des calculs d'humanité, bien qu'il ne serait guère possible d'additionner froidement le nombre de Français réduits à la misère et au désespoir, si la France, cessait de les protéger. L'importance des colonies doit être considérée sous le rapport militaire, ce qui amène plusieurs questions qui n'en font réellement qu'une. La France veut-elle avoir une marine? Veut-elle avoir un commerce maritime? La France veut-elle être une nation indépendante ou se résigne-t-elle à être l'humble vassale de l'Angleterre, son alliée

législation des Antilles françaises, et cependant, les auteurs de ce Code rural, en le publiant, annoncent que, dans l'état des choses, c'est le plus grand service qu'ils pouvaient rendre à leur pays.

Cet état prétendu libre, est le théâtre d'excès et de continuelles insurrections; l'on sait de quelle manière il exécute ses traités avec la France.

actuelle, il est vrai, mais son alliée passagère, et sa constante rivale depuis sept siècles?

Sans approfondir cette question qui exigerait des développemens que ne comporte pas un simple précis, bornons-nous à un aperçu court et rapide.

En renonçant à une marine militaire, il est évident que la France n'aura plus de marine marchande, et qu'il lui sera même avantageux de n'en pas avoir; sans quoi elle perdra sans cesse des fonds pour établir un commerce maritime, qu'on laissera naître et faire des progrès, que l'on détruira ensuite quand on voudra (puisqu'il ne sera plus protégé) et aussitôt qu'il prospérera assez pour nuire au commerce rival.

Il est encore évident qu'il ne s'agit plus d'un simple intérêt de commerce qui, après tout, se résout en une perte de richesses; il s'agit de l'honneur national, de la dignité française. Supposons, ce qui n'est pas impossible, que les mêmes intérêts cessent de lier l'Angleterre et la France, faudra-t-il donc nous résigner à ne faire aucun mouvement sans sa permission? à la regarder toujours avant d'agir? à lui laisser enfin tous les moyens de nous nuire, en nous ôtant d'avance tous ceux de l'atteindre? en renonçant à notre marine; ce n'est plus seulement abandonner à l'Angleterre tout notre commerce, pour l'enrichir, c'est encore lui donner la faculté de réduire les frais énormes de la sienne. On ne saurait mieux travailler pour ses ennemis, et particulièrement pour celui de ses ennemis qui a le plus d'intérêt à affaiblir, à arrêter la France dans les progrès de sa puissance; la France, sa rivale de tous les temps, en commerce en marine; la seule nation qui, à raison de son voisinage et de la valeur de ses habitans, puisse faire craindre à l'Angleterre une invasion et une conquête.

On a dit souvent que la France était destinée avant tout, à être puissance continentale, que le soin de sa marine était subordonné à cette principale destination; mais on a répondu avec force et vérité que c'était une vue étroite et fausse, que d'établir un principe général sur ce point; que la France devrait être tout à la fois puissance continentale, puisqu'elle a des peuples voisins de ses terres; et puissance maritime, puisqu'elle a une grande étendue de côtes sur deux mers, qu'elle est voisine d'une île dont le souverain, tantôt par héritage, tantôt par conquête, a régné à diverses époques sur la moitié de son territoire. Il faut se déterminer, d'après la position de l'Europe à telle ou telle époque, voir de quel côté doit venir le danger, et préparer d'avance les armes propres à y résister.

Notre bonne intelligence avec l'Angleterre peut cesser : il y a rivalité sur tous les intérêts. Le moindre motif, le plus petit incident peut et doit amener, plus tôt ou plus tard, des débats entre elle et la France. A défaut de motifs, notre prospérité seule, si elle s'élevait à un certain degré, en deviendrait un suffisant, pour qu'elle cherchât à en arrêter l'essor par une guerre, surtout si nous trouvant dépourvus de moyens de défense et d'attaque, cette guerre lui offrait, à peu de risques, un succès certain.

C'est contre cette chance probable qu'il faut se proposer avec soin et à tout prix : c'est-à-dire, que nous devons nous mettre en état de nous présenter à armes égales, même sur mer, soit contre l'Angleterre, soit contre toute autre puissance. Dès lors, que la question de renoncer à la marine soit discutée par un orateur français devant un parlement français; c'est ce que l'on ne concevra pas.

Si la France ne doit point renoncer à sa marine, si au contraire elle doit y porter tous ses soins, la question des colonies est résolue. Tout le monde sentira en effet combien elles sont précieuses, quand l'Angleterre met tant de soin et d'or pour se procurer des lieux de relâche dans toutes les mers du monde; quand elle fait annuellement tant de sacrifices, de frais de garnison et d'entretien pour se conserver, outre ses colonies lucratives, Gibraltar, Malte, les Sept-Iles, le cap de Bonne-Espérance, Sainte-Hélène, l'Ile-de-France, Héligoland, etc.

Nos colonies sont également utiles en temps de guerre, elles ont souvent résisté aux invasions; elles n'y ont succombé que lorsqu'elles ont été abandonnées de la France. Elles offrent à notre marine les avantages de ports assurés et points de relâche : elles obligent l'Angleterre à l'emploi d'une partie de ses forces, soit qu'elle veuille les attaquer, les surveiller ou défendre contre elle ses colonies voisines.

Nos colonies, indépendamment de leurs avantages commerciaux pour la France, pour sa marine marchande qui forme nos matelots, sont encore des établissemens militaires utiles, nécessaires à notre puissance, et pour lesquelles nous ne pouvons pas plus regretter les dépenses de garnison, de fortifications, d'entretien, que pour Brest, Toulon, Cherbourg, etc.

Les colonies, sous ce point de vue, sont des forteresses françaises dont les frais sont faits dans l'intérêt général de l'État, et point du tout dans leur intérêt particulier.

Il doit rester constant en résumé :

1° Que nos colonies faisant partie du territoire français, c'est un devoir de les garder et de les protéger.

2° Que sous le rapport commercial, elles procurent de grands bénéfices à la France, l'empêche d'être tributaire de l'étranger pour des produits devenus de première nécessité; et qu'elles consomment en échange une quantité supérieure de produits français.

Que si l'on cessait de les protéger par une surtaxe sur le sucre étranger, le résultat serait d'enrichir les étrangers, surtout l'Angleterre, qui nous vendrait ses denrées coloniales, sans acheter les nôtres en échange; de leur procurer tous les profits d'un commerce, que leur livrerait notre argent contre leurs produits de l'Inde et qui aurait bientôt ruiné nos colonies, appauvri la France, sans qu'aucun avantage quelconque compensât ces pertes. L'abandon, l'anéantissement des colonies, doivent de toute nécessité amener pour l'Angleterre, avec ses possessions dans les deux Indes, le monopole des sucres.

3° Que sous le rapport maritime, c'est dans le

grand intérêt de la France qu'elle a fait de ses colonies des points importans de son établissément militaire pris dans son ensemble. Qu'il est donc aussi injuste de leur reprocher ce qu'elles coûtent à la France, qu'il le serait de le reprocher à tous les départemens où se trouvent des garnisons, des forts, des places de guerre; alors même qu'il ne serait pas prouvé que les colonies supportent une grande partie de l'entretien; des supplémens de solde et autres qui se rattachent à cette dépense de protection; alors encore qu'il ne serait pas démontré, que la métropole en est largement dédommagée par tous les avantages qu'elle tire de ses possessions d'outre-mer.

A. FOIGNET.